PROJET DE LOI

Sur la liberté individuelle, la perquisition domiciliaire, et la
responsabilité pécuniaire des juges pour faute lourde
professionnelle

Voté par le Sénat le 2 Mars 1909

Soumis, en ce moment, à la Chambre des Députés.

AMENDEMENTS

à la partie de ce projet concernant la responsabilité pécuniaire
des juges pour faute lourde professionnelle

PAR

C. EUSTACHE de la COCHARDIÈRE de la MARCHE

ANCIEN NOTAIRE A MAYENNE

ANGERS

IMPRIMERIE TYPOGRAPHIQUE P. DESNOES

26, Boulevard du Château, 26

1909

Projet de Loi

Sur la liberté individuelle, la perquisition domiciliaire, et la responsabilité pécuniaire des juges pour faute lourde professionnelle

Voté, par le Sénat, le 2 Mars 1909

Soumis, en ce moment, à la Chambre des Députés.

AMENDEMENTS

à la partie de ce projet concernant la responsabilité pécuniaire des juges pour faute lourde professionnelle

PAR

C. EUSTAHE de la COCHARDIÈRE de la MARCHE

ANCIEN NOTAIRE A MAYENNE

ANGERS

IMPRIMERIE TYPOGRAPHIQUE P. DESNOES

26, Boulevard du Château, 26

1909

PROJET DE LOI

Sur la liberté individuelle, la perquisition domiciliaire,
et la responsabilité pécuniaire des juges pour faute lourde
professionnelle
Voté, par le Sénat, le 2 Mars 1909
Soumis, en ce moment, à la Chambre des Députés.

———————

AMENDEMENTS

à la partie de ce projet concernant la responsabilité pécuniaire
des juges pour faute lourde professionnelle

PAR

C. EUSTACHE de la COCHARDIÈRE de la MARCHE

MESSIEURS LES DÉPUTÉS,

MESSIEURS LES SÉNATEURS,

EXPOSÉ DES MOTIFS

Le Sénat a voté, le 2 Mars 1909, un projet de loi sur la liberté
individuelle, la perquisition à domicile, et la responsabilité pécuniaire des juges pour faute lourde professionnelle.

La chambre des députés va être appelée, d'ici peu de temps, à statuer sur ce projet.

Ayant publié et envoyé en 1904, à tous les députés et sénateurs,
un projet très complet sur la responsabilité pécuniaire des juges pour
les fautes lourdes qu'ils commettent (1), je crois avoir quelque compétence pour soumettre, au Parlement, quelques amendements au
texte du projet de loi voté par le Sénat.

Je vais présenter, chaque amendement, sous un paragraphe.

§ Ier

Violation des Lois

Il arrive, souvent, que les juges violent les lois qu'ils sont chargés
d'appliquer.

Il est inutile de fournir quelques exemples de violation des lois :
car MM. les députés et sénateurs savent ce que c'est que de juger le
contraire de ce que dit la loi.

Quel est le motif qui détermine les juges à violer, si effrontément,

____

(1) Mon projet de loi avec les motifs comprend 25 pages, in-octavo.

la loi ? . . . .

Pour qu'à l'avenir, les juges ne violent plus les lois, il faut qu'ils puissent être pris à partie par les plaideurs qu'ils auront lésés (1).

§ II

Violation de la jurisprudence de la Cour de Cassation

Fréquemment, les juges violent, aussi, la jurisprudence de la Cour de cassation, qui est, cependant, la cour régulatrice.

Pour quel motif violent-ils, si audacieusement, la jurisprudence de la Cour de cassation ? . . . .

. . . .

La jurisprudence de cette Cour ne sert qu'aux gens riches qui ont les moyens financiers suffisants pour y déférer leur adversaire et y faire appliquer sa jurisprudence.

Les gens qui ne sont pas riches ne peuvent pas plaider devant cette Cour, leurs moyens ne le permettant pas. Ils sont contraints de subir la décision arbitraire que les juges en dernier ressort ont prononcée contre eux.

Parmi les nombreux jugements qui ont méconnu la jurisprudence de la Cour de cassation (2), j'en signalerai deux seulement, estimant qu'à eux seuls, ils démontreront, au Parlement, la nécessité d'y mettre fin :

La Cour de cassation a jugé, le 9 mai 1891 (3) qu'il n'est pas obligatoire d'indiquer, dans l'assignation, à peine de nullité, le paragraphe de l'article 33 de la loi du 29 juillet 1881 sur la presse visant la répression, et qu'il suffit d'y viser seulement l'article 33 de cette loi, sans désignation de paragraphe.

Le Tribunal correctionnel de Mayenne a jugé **le contraire** le 29 octobre 1897.

La Cour de cassation a jugé que la diffamation, ou l'injure, est réputée faite avec l'intention de nuire (4), et que c'est aux diffamateurs et aux insulteurs à prouver, juridiquement, qu'en publiant leur écrit diffamatoire ou injurieux, ils ont agi sans intention de nuire (5).

Le Tribunal correctionnel de Laval a jugé **le contraire** le 8 mars 1906.

Comme on le voit, le tribunal correctionnel de Mayenne et le tribunal correctionnel de Laval **s'assoient** sur les arrêts de la Cour de cassation qui est, cependant, la cour régulatrice instituée à cet effet par une loi. Ils ne tiennent nul compte de ses arrêts ; ils **n'existent pas pour eux.**

Pour que les juges appliquent la jurisprudence de la Cour de cassation, il est indispensable d'autoriser la prise à partie contre les juges quand ils n'appliqueront pas cette jurisprudence (6).

(1) Voir, page 10, à l'article 505, N° 1, mon amendement dans ce sens.
(2) Les recueils judiciaires contiennent un grand nombre de ces décisions.
(3) D. P, 91. 1. 393.
(4) Cassation, 10 novembre 1876 (D. P. 77. 1. 44) ; Cass. 18 novembre 1881 (S. 82. 1. 236) ; Cass. 10 février 1883 (S. 84 1. 93) ; Cass. 7 novembre 1884 (S. 87. 1. 137) ; Cass. 12 février 1891 (D P. 92. 1. 176) ; Cass. 15 février 1894 (S. et P. 93. 1. 232) ; Cass. 23 août 1894 (S. et P. 96. 1. 201).
(5) Cassation 12 février 1891 (D. P. 92. 1. 176).
(6) Voir, page 10, à l'article 505, N° 1, mon amendement dans ce sens.

§ III

Condamnations trop fortes, ou trop faibles

Souvent, les Tribunaux prononcent des condamnations par trop fortes, ou par trop faibles.
A quoi attribuer ces décisions audacieuses, si opposées ?
. . . .

Je ne m'attarderai pas à rapporter quelques condamnations correctionnelles scandaleuses où, **pour un fait délictueux semblable,** des tribunaux ont condamné des citoyens à de nombreux mois de prison pendant que d'autres ne les ont condamnés qu'à l'amende, parce qu'on trouve, ces condamnations fréquentes, dans les journaux.

A l'égard des décisions civiles odieuses où des Tribunaux ont prononcé des condamnations trop fortes ou trop faibles à des dommages-intérêts, je n'en citerai, pour ne pas abuser des instants des membres du Parlement, que trois parmi celles si nombreuses qu'on trouve dans les recueils judiciaires, estimant qu'elles sont suffisantes pour qu'il juge utile d'y mettre fin :

A) En 1889, M. X... commit l'imprudence d'écrire plusieurs lettres cachetées à une demoiselle Hubert, institutrice allemande chez un particulier, et de les lui faire remettre par différentes personnes.
La demoiselle Hubert assigna M. X... devant le Tribunal civil de Mayenne en paiement d'une somme de 20.000 francs, à laquelle elle estimait le préjudice qu'il lui avait causé.
Le tribunal, par jugement du 13 Juin 1889, condamna M. X. à lui payer 7 000 francs de dommages-intérêts.
Cette condamnation **indigna** les gens de Mayenne,

Appel en fut fait devant la Cour d'Angers ; mais, en raison de la composition des juges de cette Cour et de leur état d'esprit, l'avocat de M. X. le fit se désister de son appel dans la crainte d'une condamnation à des dommages-intérêts plus élevés.
La condamnation du Tribunal de Mayenne fut exécutée.
Je pense que toutes les institutrices voudraient bien recevoir quelques lettres apportées par des commissionnaires différents pour toucher une somme de 7.000 francs.

B) En 1896, un député radical assigna devant le Tribunal correctionnel de Mayenne M. Soudée, propriétaire du «Messager de Mayenne» journal royaliste, pour l'avoir :
1° Dans un imprimé, distribué en ville à profusion, injurié, en le traitant de maître-chanteur, menteur, goujat et lâche ;
2° Dans le journal « Le Messager de Mayenne », diffamé en le traitant d'insulteur sans preuve, qui se montre en même temps le dernier des misérables ; — de lâche qui a laissé sans se battre, imprimés sur ses joues, les nombreux coups de cravache de M. L. ., et a affronté, avec résignation, la paire de gants que M. D. lui avait lancée à la tête ; — de gaspilleur de ses heures de devoir dans des orgies ou autour du tapis vert ; ajoutant qu'il ne serait pas tranquille si on soulevait les voiles de sa vie privée.
Ces injures et ces diffamations, dont la gravité n'échappera pas à MM. les sénateurs et députés, avaient jeté sur le député radical une grande déconsidération et une grande défaveur.

Pour l'indemniser du préjudice qu'elles lui avaient causé, il réclama, avec juste raison, à son insulteur et diffamateur, une somme de 20.000 francs de dommages-intérêts.

Le tribunal correctionnel de Mayenne, par jugement du 19 juin 1896, condamna M. Soudée, propriétaire du « Messager de Mayenne », pour tous dommages-intérêts, aux frais du procès et à une amende de 50 francs avec bénéfice de la loi Bérenger.

Ce quasi acquittement **souleva d'indignation** la population **républicaine** de Mayenne.

Sur appel du député radical, la cour d'Angers, par arrêt du 5 décembre 1896 (1), confirma le jugement du tribunal correctionnel de Mayenne, en disant qu'à l'époque des élections les injures et les diffamations ne sont que relatives, c'est-à-dire ne peuvent être réprimées aussi sévèrement qu'en tout autre temps ! ! !

Heureusement, pour MM. les députés et sénateurs que le Tribunal de Mayenne et la Cour d'appel d'Angers font exception à la règle générale : car leurs adversaires, ou leurs ennemis politiques, profiteraient des élections pour les injurier et diffamer atrocement, soit en révélant ce qui s'est passé dans leur vie privée, soit d'une autre manière.

Le député radical réclamait 20.000 francs de dommages-intérêts. Le Tribunal de Mayenne et la Cour d'appel ne lui ont accordé, **pour tous dommages-intérêts,** que les frais du procès, c'est-à-dire **rien !!**

C) En janvier 1909, M. X... plaidait en justice de paix contre M. Chantepie, vieillard de 77 ans.

En se défendant, M. Chantepie injuria son adversaire M. X...., qui avait été vraisemblablement agressif envers lui, en le traitant de « prévaricateur », fait qui arrive fréquemment entre plaideurs.

M. X... le déféra pour cette unique injure, ainsi que le constate son assignation, au tribunal correctionnel de Segré qui, par jugement du 27 janvier 1909, le condamna à lui payer une somme de 500 fr. pour réparation du préjudice que cette injure lui avait causé.

Cette condamnation est excessive : Car le préjudice que M. X... a pu éprouver est presque nul, s'il n'est pas nul, parce qu'à l'audience de la justice de paix où fut proféré le mot de « prévaricateur » il n'y avait guère de monde.

Ce n'est pas tout : le tribunal estima que cette condamnation était insuffisante pour réparer le préjudice causé !!! Il ordonna, en outre, l'insertion de son jugement dans deux journaux en fixant le coût de chaque insertion à 50 francs, soit pour les deux insertions 100 francs.

Or, jamais aucun tribunal n'avait jusqu'alors ordonné l'insertion de son jugement dans des journaux quand le plaignant n'avait pas été injurié par la voie de la presse.

Enfin, le Tribunal a, en plus, condamné M. Chantepie à 100 francs d'amende et à tous les frais du procès.

La condamnation de M. Chantepie **se monte** en dommages-intérêts, coût d'insertions, amende et frais du procès à **environ 900 francs !!!**

Je suis persuadé que M. X.. voudrait bien être traité, chaque jour, de « prévaricateur », parce qu'il se ferait ainsi, par an, 182.500 francs de rente !!!

Le Tribunal correctionnel de Segré, qui a rendu un si beau jugement, a pour président M. Doreau. Or, ce **président est porté sur le tableau d'avancement !!!**

(1) Cet arrêt est rapporté dans le journal « La Loi » du 27 mars 1897.

A la même époque, M. Chantepie avait apposé sur sa maison située à Angers, boulevard du Roi-René, une affiche manuscrite dans laquelle M X .. était, aussi, traité de « prévaricateur ».

M. X... déféra, pour ce fait, M. Chantepie au Tribunal de paix du canton Sud-Est d'Angers.

Le juge de paix le condamna, à la date du 23 janvier 1909, à 25 francs de dommages-intérêts pour réparation du préjudice causé.

M. X... estima cette condamnation **suffisante, car il ne fit pas appel.**

Ainsi, pour une **injure identique,** on voit d'un côté le Tribunal de paix prononcer une condamnation à 25 francs de dommages-intérêts **dont le plaignant se contente** ce qui prouve qu'elle n'est pas grave, et, d'un autre côté, le Tribunal de Segré infliger une condamnation de 500 francs de dommages-intérêts plus 100 francs pour le coût de deux insertions à titre de supplément de dommages-intérêts ! ! !

D) Pour que de pareilles condamnations — qui ont souvent lieu — ne se renouvellent pas, il est indispensable d'autoriser la prise à partie contre les juges lorsqu'ils auront prononcé des condamnations par trop fortes ou par trop faibles, soit en matière correctionnelle, soit en matière civile (1).

§ IV

Prise à partie des juges devant des Cours différentes

Le projet de loi sur la responsabilité pécuniaire des juges, voté par le Sénat, laisse subsister l'article 509 du code de procédure civile, qui permet la prise à partie devant les Cours d'appel pour une certaine catégorie de juges et devant la Cour de cassation pour une autre catégorie.

Ainsi, d'après cet article, la prise à partie contre les juges de paix, contre les Tribunaux de commerce ou de première instance, ou contre quelques-uns de leurs membres, et la prise à partie contre un conseiller à une Cour d'appel ou à une Cour d'assises, seront portées à la Cour d'appel du ressort.

Quant à la prise à partie contre les Cours d'assises, contre les Cours d'appel ou l'une de leurs sections, elle sera portée à la Haute Cour, conformément à l'article 101 de l'acte du 18 Mai 1804 (2).

La distinction pour la prise à partie avait, il y a un siècle, sa raison d'être à cause des communications lentes et difficiles.

Mais depuis l'établissement des chemins de fer et du télégraphe les communications sont rapides.

Il n'y a, donc, plus de cause pour maintenir cette distinction de juridiction.

Il ne faut qu'une seule cour à juger les prises à partie. Cette Cour est la Cour de cassation. Au nombre des motifs graves qui exigent que la Cour suprême juge, **seule,** les prises à partie j'en citerai trois qui suffisent pour démontrer l'utilité de mon amendement, à savoir :

(1) Voir, page 10, à l'article 505, n° 1 bis, mon amendement dans ce sens.

(2) La Haute Cour n'existe plus. C'est la Cour de cassation qui juge les prises à partie qui étaient déférées à la Haute Cour par le § 2 de l'art. 509 précité. (V. l'art. 2 de la loi du 27 novembre-1er décembre 1790).

1° **L'uniformité** de la jurisprudence en matière de prise à partie tant dans l'intérêt du plaignant que des juges pris à partie.

Or, cette uniformité de jurisprudence ne peut exister dans toutes les Cours d'appel parce qu'elles ne jugent pas toutes de la même manière. Ainsi, avec l'article 509 actuel, on a vu quantité de fois des Cours d'appel condamnant des juges pris à partie et d'autres les acquittant pour des faits absolument identiques.

2° **L'impartialité** des magistrats appelés à juger les prises à partie aussi bien dans l'intérêt du plaignant que des juges pris à partie.

Or, cette impartialité ne peut exister dans toutes les Cours d'appel : car tout le monde sait qu'avec l'article 509 actuel de nombreuses Cours d'appel ont été trop indulgentes et d'autres trop sévères pour les juges poursuivis, fait qui a pour cause leurs relations sympathiques ou antipathiques, principalement pour les juges qui résident dans les villes où il y a des Cours d'appel.

3° **L'indépendance** des magistrats appelés à juger les prises à partie aussi bien dans l'intérêt du plaignant que des juges pris à partie.

Or, cette indépendance n'existera pas pour toutes les Cours d'appel avec l'article 510 du code de procédure civile, qui dit que la chambre des requêtes de la Cour de cassation statuera sur la demande d'autorisation de prise à partie: Quelques-unes se croiront obligées de condamner les juges pris à partie, soit pour ne pas se mettre en contradiction avec leurs supérieurs qui composent la Chambre des requêtes de la Cour de cassation, soit dans la crainte d'être, à leur tour, l'objet d'une prise à partie que la Chambre des requêtes autoriserait vraisemblablement.

Pour que la justice soit uniforme, impartiale et indépendante, il est indispensable que tous les magistrats, sans exception, soient jugés par la Chambre civile de la Cour de cassation, qui ne connaît pas ses justiciables et qui ne rend d'arrêt qu'au nombre minimum de onze, ce qui écarte toute complaisance, corruption, haine, ou autre cause inavouable. (1).

§ V

Dispense du ministère d'un avocat

Le projet de loi sur la responsabilité pécuniaire des juges, voté par le Sénat, dispense le plaignant du ministère d'un avocat pour sa demande d'autorisation de prise à partie devant la Chambre des requêtes de la Cour de cassation.

Le même projet de loi ne dit pas si le plaignant et les juges pris à partie sont dispensés du ministère d'un avocat lorsque la Cour statuera sur la prise à partie.

Que doit-il être décidé à ce sujet ?

A mon avis, le ministère de l'avocat doit être supprimé pour les affaires peu importantes, celles dont la demande en responsabilité **sera inférieure à 1.000 francs** : car, si laloi le maintenait, il n'y aurait jamais de prise à partie quand le préjudice éprouvé ne dépasserait pas cette somme.

Il est évident que si le plaignant est lésé par ses juges de 1.000 francs,

(1) Voir, page 11, à l'article 509, mon amendement dans ce sens.

ou d'une somme moindre, fait qui peut se produire en justice de paix dont la compétence en dernier ressort est de 300 francs, il n'exercerait pas de poursuite puisqu'au cas où il obtiendrait une condamnation de 1.000 francs il ne lui reviendrait rien, parce que ces 1.000 fr. seraient absorbés par les honoraires de son avocat.

Pour les affaires importantes, celles dont la demande en responsabilité **sera supérieure à 1.000 francs,** j'estime que le ministère d'un avocat peut être facultatif. Mais il n'y a aucun motif plausible pour le rendre obligatoire (1).

§ VI

Suppression de l'amende

L'article 510 du code de procédure civile, voté par le Sénat, dit que la partie plaignante sera dispensée de consigner l'amende.

D'après le rapport fait au Sénat, la Commission sénatoriale a entendu supprimer la condamnation à l'amende de la partie plaignante au cas où elle serait déboutée tant de sa demande d'autorisation de prise à partie que de sa prise à partie contre les juges.

Comme conséquence, l'amende de 300 francs ne figure plus dans les articles 513 et 516 du code de procédure civile, voté par le Sénat.

Mais les amendes établies par les articles 25 et 35 de la loi du 28 Juin 1738 s'appliquant : celle de 150 francs à l'arrêt de rejet de la chambre des requêtes de la Cour de cassation et celle de 300 francs à l'arrêt de rejet de la chambre civile de la même Cour sont-elles supprimées en matières de prise à partie des juges ?

N'y a-t-il pas **à craindre** que la Cour de cassation juge que ces deux amendes **ne sont pas supprimées ?**

Pour que cette Cour n'interprète pas les articles 513 et 516 du code de procédure civile contrairement au sentiment du Parlement, il est indispensable qu'il y soit spécifié que le plaignant ne sera pas condamné à l'amende (2).

§ VII

Condamnation du plaignant à des dommages-intérêts

Rejet de la demande d'autorisation en prise à partie

L'article 513 du code de procédure civile, modifié par le Sénat, autorise la Chambre des requêtes de la Cour de cassation à condamner le plaignant à des dommages-intérêts envers les juges qu'il veut poursuivre, si **sa demande en autorisation** de prise à partie est repoussée.

Cette condamnation est tout à fait injuste. Je vais vous le prouver.

En principe, pour obtenir des dommages-intérêts, il faut deux choses, à savoir :

1° Que des dommages-intérêts soient demandés;

2° Et qu'il y ait réellement un préjudice éprouvé.

Or, aucun juge ne demandera des dommages-intérêts parce qu'il

(1) Voir, page 12, à l'article 513, mon amendement dans ce sens.
(2) Voir, pages 12 et 13, aux articles 513 et 516, mes amendements dans ce sens.

ne le peut pas, n'étant pas appelé à la demande d'autorisation de poursuite, qui aura toujours lieu en dehors de lui.

Il ignorera, même, cette demande, car elle ne lui sera signalée par personne.

D'un autre côté, on ne voit pas le préjudice qu'un juge pourrait éprouver. La publicité des débats est loin de lui causer un préjudice puisque le rejet de la demande en autorisation de prise à partie démontrera qu'il n'a commis aucun fait répréhensible.

Une condamnation à des dommages-intérêts au profit des juges est incompréhensible et inexplicable.

Elle est odieuse et malhonnête.

Puisqu'il ne peut y avoir de préjudice, il faut donc, que, de l'article 513 du code de procédure civile, il soit retranché le droit conféré à la Cour d'allouer des dommages-intérêts aux juges pris à partie.

Rejet de la prise à partie

L'article 516 du code de procédure civile, modifié par le Sénat, autorise aussi la Cour à condamner le plaignant à des dommages-intérêts, même après qu'il a été autorisé à poursuivre les juges, si **sa prise à partie** des juges est repoussée.

Cette condamnation est aussi injuste que dans le cas de rejet de la demande d'autorisation de prise à partie. Je vais le prouver.

Les juges sont, il est vrai, dans ce cas, appelés au procès. Ils ont, par conséquent, le droit de demander des dommages-intérêts.

Mais il ne leur en est pas dû, comme on va le voir :

Sans doute, si les juges pouvaient être pris à partie sans autorisation préalable de justice, il pourrait leur être alloué des dommages-intérêts si la Cour, en rejetant la demande du plaignant, avait constaté qu'elle avait été faite par méchanceté

Mais jamais ce cas ne se présentera puisqu'ils ne pourront être poursuivis, d'après l'article 510 du code de procédure civile, qu'en vertu d'une autorisation de la Chambre des requêtes de la Cour de cassation qui ne sera donnée que si l'action du plaignant lui paraît fondée et légitime.

Cet article 510 met, donc, les juges à l'abri de poursuites vexatoires.

Il s'en suit, par conséquent, qu'il ne peut leur être accordé d'indemnité de ce chef, puisqu'ils ne peuvent être poursuivis par méchanceté. C'est là un fait certain et indiscutable.

Or, puisqu'il est établi, sans conteste, que les juges ne peuvent être pris à partie par méchanceté, je cherche, en vain, le motif, loyal et honnête, qui autorise la Cour à condamner le plaignant à des dommages-intérêts envers les juges pris à partie en cas de rejet de sa demande.

Je ne le trouve nulle part.

Une telle condamnation ne se comprend ni s'explique honnêtement.

Elle est odieuse.

La publicité de l'audience ne peut pas causer de préjudice aux juges poursuivis, puisque le rejet de la prise à partie prouvera que les juges n'ont commis aucun fait répréhensible.

Si on soutenait qu'une indemnité leur est due pour payer les honoraires de l'avocat qu'ils ont pris pour se défendre, je répondrai ceci :

Il est juste de laisser ces honoraires à leur charge pour deux motifs, à savoir :

D'abord, parce que s'ils sont acquittés du chef de faute lourde, il est certain qu'ils ont commis une faute, puisque la Chambre des requêtes de la Cour de cassation a autorisé la prise à partie contre eux ;

Ensuite, parce que, comme juges, ils sont aptes à se défendre eux-mêmes.

Il résulte, donc, de ce qui précède qu'il doit être retranché, de l'article 516 du code de procédure civile, le droit conféré à la Cour d'accorder des dommages-intérêts aux juges pris à partie.

Les dommages-intérêts maintenus en faveur des juges empêchent la prise à partie

Les dommages-intérêts auxquels la Cour peut condamner le plaignant en faveur des juges pris à partie dans le cas ou sa demande est rejetée, sont **illimités**, d'après les articles 513 et 516 du code de procédure civile.

Le Sénat, en autorisant la condamnation du plaignant à des dommages-intérêts en cas d'échec, **empêche** en fait la prise à partie contre les juges. Car, sauf les gens riches et les Sociétés, aucun citoyen **n'osera** prendre les juges à partie dans la crainte d'avoir à leur payer **plusieurs milliers de francs** de dommages-intérêts.

D'un autre côté, les juges sachant qu'ils n'auront rien à redouter des justiciables qui ne sont guère riches rendront toujours la justice **à l'avantage** des gens riches et des Sociétés pour ne pas être pris à partie par eux. C'est l'injustice que le Sénat a votée involontairement.

Il s'en suit, donc, que le Parlement ne peut maintenir les dommages-intérêts en faveur des juges pris à partie (1).

§ VIII

Délai pour signifier l'autorisation de prise à partie

L'article 514 du code de procédure civile, que le Sénat n'a pas modifié, dit que si la requête est admise, elle sera signifiée dans les trois jours aux juges pris à partie.

Le délai de trois jours est **insuffisant** lorsque les juges pris à partie résident à plus de 600 kilomètres de Paris, comme on va le voir :

Il faut, au moins, un jour au greffier de la Cour de cassation pour faire enregistrer l'arrêt d'autorisation de prise à partie et en faire la copie pour le plaignant.

Le deuxième jour l'avocat rédige l'assignation par laquelle les juges pris à partie seront assignés devant la Cour de cassation.

Le troisième jour est employé au transport de cette assignation qui ne parviendra à l'huissier, chargé de la signifier aux juges poursuivis, que le quatrième jour au matin.

Il sera trop tard, le délai étant alors expiré. Les juges ne pourront pas être pris à partie ! ! !

Le Sénat n'a, certainement, pas voulu qu'il en soit ainsi.

Le délai de trois jours est suffisant pour les autres juges qui résident dans le rayon de Paris inférieur à 600 kilomètres ; mais il faut

---

(1) Voir, pages 12 et 13, aux articles 513 et 516, mes amendements dans ce sens,

que l'avocat laisse de côté ses autres affaires **urgentes** pour rédiger l'assignation et que l'huissier chargé de la signifier soit chez lui quand elle arrivera.

Si l'attention du Sénat avait été appelée sur ce point, il n'y a pas de doute qu'il aurait apporté une modification à l'article 514 du code de procédure civile en accordant un plus long délai au plaignant pour signifier l'arrêt d'autorisation de poursuite (1).

PROJET DE LOI

TABLEAU SYNOPTIQUE

Pour faire saisir d'un coup d'œil les modifications que je désire voir apporter au projet de loi voté par le Sénat, je vais mettre en regard l'un de l'autre : le projet voté par le Sénat et mes amendements à ce projet.

PROJET DE LOI VOTÉ PAR LE SÉNAT	AMENDEMENT AU PROJET DE LOI CI-CONTRE
Art. 7. — *Les articles 505, 510, 513 et 516 du code de procédure civile sont modifiés comme suit :*	Les articles 505, 509, 510, 511, 513, 514, 515 et 516 du code de procédure civile sont modifiés comme suit :
Art. 505. — *Les juges peuvent être pris à partie dans les cas suivants :*	Art. 505. — Les juges peuvent être pris à partie dans les cas suivants :
1° *S'il y a dol, fraude, concussion ou faute lourde professionnelle qu'on prétendrait avoir été commis, soit dans le cours de l'instruction, soit lors des jugements ;*	1° S'il y a dol, fraude, concussion, faute lourde professionnelle (2), violation ou fausse application des lois et de la jurisprudence de la Cour de cassation qu'on prétend avoir été commis, soit dans le cours de l'instruction, soit lors des jugements (3)
	1 bis Si on prétend qu'il y a eu arrestation ou détention d'un innocent sans motif plausible ; condamnation, à l'excès forte, ou à l'excès faible ; rejet de demande ou condamnation sans motif plausible (4).
	1° ter Si on prétend que les juges ont, soit au cours de l'instruction ou des débats, soit dans leur jugement, injurié ou diffa-

---

(1) Voir, page 12, à l'article 514, mon amendement dans ce sens.

(2) Pour éviter une fausse interprétation de la faute lourde, il serait utile de la définir en disant ceci : « Il y a, en droit, deux sortes de fautes : la faute lourde et la faute légère ». Cette définition est d'autant plus utile que des avocats prétendent qu'il y a une demi douzaine de fautes, à savoir : la faute très lourde, la faute lourde, la faute très grave, la faute grave, la faute légère, la faute très légère.

Avant 1789, sous le régime des Coutumes, on reconnaissait trois fautes : la faute grave, la faute légère, la faute très légère.

Depuis une cinquantaine d'années, les tribunaux ont ajouté la faute lourde, en sorte qu'on n'est pas fixé, actuellement, sur le nombre des fautes.

(3) Voir, sous les § 1 et 2 ci-dessus, les motifs donnés pour justifier cet amendement.

(4) Voir, sous le § 3 ci-dessus, les motifs donnés pour justifier cet amendement.

PROJET DE LOI
VOTÉ PAR LE SÉNAT

2° Si la prise à partie est expres-sément prononcée par la loi ;

3° Si la loi déclare les juges res-ponsables à peine de dommages et intérêts ;

4° S'il y a déni de justice.

L'Etat est civilement responsable des condamnations en dommages-in-térêts qui seront prononcées, à raison de ces faits, contre les magistrats, sauf son recours contre ces derniers.

ART. 509. — *La prise à partie contre les juges de paix, contre les tribunaux de commerce ou de pre-mière instance ou contre quelques uns de leurs membres, et la prise à partie contre un conseiller à une cour d'appel ou à une cour d'assi-ses, seront portées à la cour d'appel du ressort.*

La prise à partie contre les cours d'assises, contre les cours d'appel ou l'une de leurs sections, sera portée à la Haute Cour, conformément à l'article 101 de l'acte du 18 Mai 1804 (1).

ART. 510. — *Néanmoins, aucun magistrat ne pourra être pris à par-tie sans une autorisation préalable du premier président, qui statuera après avoir pris l'avis du procureur général.*

En cas de refus, qui sera motivé, la partie plaignante pourra saisir la chambre des requêtes de la cour de cassation ; elle sera dispensée du ministère d'un avocat et de la consi-gnation de l'amende.

La chambre des requêtes statuera, en la forme ordinaire et en audience publique, après avoir entendu les observations du conseil de la partie plaignante et les conclusions du ministère public.

AMENDEMENTS au PROJET
DE LOI CI-CONTRE

mé les plaideurs, ou un tiers étranger au procès.

—Pas de changement au texte ci-contre.

—Idem.

—Idem.

—Idem.

ART. 509. — La prise à partie contre les juges sera portée de-vant la Chambre civile de la Cour de cassation (2).

ART. 510. —
—Pas de changement au texte ci-contre.

—Idem.

La Chambre des requêtes sta-tuera en la forme ordinaire et en audience publique, après avoir entendu les observations de la partie plaignante, ou de son conseil si elle juge à propos d'en prendre (3), et les conclusions du ministère public.

---

(1) La Haute Cour, créée par l'acte du 18 Mai 1804, n'existe plus. C'est à la Cour de cassa-tion que la prise à partie doit être portée. (V. Loi du 27 novembre et 1er décembre 1790, art. 2.)
(2) Voir, sous le § 4 ci-dessus, les motifs donnés pour justifier cet amendement.
(3) Il est indispensable de modifier ainsi la phrase pour qu'elle ne soit pas en contradiction avec la phrase précédente qui dispense du ministère d'un avocat la demande en autorisation de prise à partie.

PROJET DE LOI VOTÉ PAR LE SÉNAT

L'arrêt ne sera motivé qu'en cas de refus de l'autorisation.

ART. 511. — *Il sera présenté, à cet effet, une requête signée de la partie, ou de son fondé de procuration authentique et spéciale, laquelle procuration sera annexée à la requête, ainsi que les pièces justificatives, s'il y en a, à peine de nullité.*

ART. 513. — *Si la requête est rejetée, le demandeur sera condamné à des dommages et intérêts envers les parties, s'il y a lieu.*

ART. 514. — *Si la requête est admise. elle sera signifiée dans trois jours au juge pris à partie, qui sera tenu de fournir ses défenses dans la huitaine.*

Il s'abstiendra de la connaissance du différend ; il s'abstiendra même, jusqu'au jugement définitif de la prise à partie, de toutes les causes que la partie, ou ses parents en ligne directe, ou son conjoint. pourront avoir dans son tribunal, à peine de nullité des jugements.

ART. 515. — *La prise à partie sera portée à l'audience sur un simple acte et sera jugée par une autre section que celle qui l'aura admise :*

AMENDEMENTS au PROJET DE LOI CI-CONTRE

Pas de changement au texte ci-contre.

ART. 511. —

Pas de changement au texte ci-contre.

L'arrêt de la Chambre des requêtes sera rendu dans les trois mois de la date de la requête, à peine d'une amende de 500 francs contre chaque juge de cette chambre, exigible aussitôt le délai expiré (1).

ART. 513 — Si la requête est rejetée, le demandeur ne sera condamné à aucune amende, ni à aucun dommage et intérêt; il sera condamné seulement aux frais de l'arrêt (2).

Le droit d'enregistrement de l'arrêt est fixée à 5 francs.

ART. 514. — Si la requête est admise, elle sera signifiée dans deux mois au juge pris à partie, qui sera tenu de fournir ses défenses dans la huitaine (3).

Pas de changement au texte ci-contre.

Au cas où le juge passerait outre, il sera passible d'une amende de 3.000 francs et de prise à partie (4).

ART. 515. — La prise à partie sera portée à la Chambre civile de la Cour de cassation sur simple acte.

---

(1) Un délai doit être imposé à la Chambre des Requêtes de la Cour de cassation pour statuer, sinon les plaignants pourraient, quand le rôle de cette Cour serait très chargé, attendre longtemps sa décision.

(2) Voir, sous les § 6 et 7 ci-dessus, les motifs donnés pour justifier cet amendement.

(3) Voir, sous le § 8 ci-dessus, les motifs donnés pour justifier cet amendement.

(4) Il est indispensable qu'il y ait une sanction à cette défense, sinon le juge pourrait continuer à juger celui qui le poursuit en prise à partie et le condamner abusivement.

PROJET DE LOI VOTÉ PAR LE SÉNAT

si la cour d'appel n'est composée que d'une section, le jugement de la prise à partie sera renvoyé à la cour d'appel la plus voisine par la Cour de cassation.

AMENDEMENTS au PROJET DE LOI CI-CONTRE

Le demandeur n'aura aucune amende à consigner.

La cause sera instruite par écrit, sans ministère d'avocat, à peine de nullité, pour toute action contre un juge, inférieure à 1.000 francs. Au dessus de cette somme, le ministère d'un avocat sera facultatif.

La partie qui aura chargé un avocat de la défense de ses intérêts sera tenue de le signifier à son adversaire au moins un mois avant les débats, sinon sa plaidoirie ne pourra être entendue sous peine d'une amende de 1.500 francs contre le président de la chambre civile de la Cour de cassation qui l'aurait autorisée (1).

L'arrêt de la Chambre civile sera rendu dans les trois mois de l'inscription de la demande faite sur un registre ad hoc de cette Chambre, à peine d'une amende de 500 francs contre chaque juge de cette chambre, exigible aussitôt le délai expiré.

Cette inscription sera faite par l'une ou l'autre des parties en cause, ou par leur avocat.

Le registre ad hoc sera visé, chaque jour, par le receveur de l'enregistrement, à peine d'une amende de 100 francs contre le greffier, pour chaque jour non visé (2).

ART. 516. — *Si le demandeur est débouté, il sera condamné à des dommages et intérêts envers les parties, s'il y a lieu.*

ART. 516. — Si le demandeur est débouté, il ne sera condamné à aucune amende, ni à aucun dommage et intérêt ; il sera seulement condamné aux frais de l'arrêt d'admission de la Chambre des requêtes et à ceux de l'arrêt de rejet de la Chambre civile (3).

L'enregistrement de l'arrêt de

---

(1) Voir, sous le § 5 ci-dessus, les motifs donnés pour justifier cet amendement.
(2) Il est nécessaire qu'un délai soit imposé à la Chambre civile de la Cour de cassation pour juger, sinon les plaignants pourraient, quand le rôle de cette Cour serait très chargé, attendre longtemps sa décision.
(3) Voir, sous les § 6 et 7 ci-dessus, les motifs donnés pour justifier cet amendement.

PROJET DE LOI VOTÉ PAR LE SÉNAT	AMENDEMENTS au PROJET DE LOI CI-CONTRE
	la Chambre civile est fixé à cinq francs quand le demandeur sera débouté de sa demande, et aux droits établis par la loi du 26 Janvier 1892 lorsque les juges pris à partie seront condamnés.

Je ne sais si la loi m'accorde le pouvoir de soumettre, à la Chambre des députés et au Sénat, mes amendements au projet de loi en discussion.

Dans la crainte que ce droit me soit contesté, je prie quelques membres du Parlement de vouloir bien prendre pour leur compte mes amendements et de les soumettre aux votes de la Chambre des députés et du Sénat.

MM. les sénateurs et députés, qui s'approprieront mes amendements, pourront y apporter les modifications qu'ils jugeront utiles.

C. EUSTACHE DE LA COCHARDIÈRE DE LA MARCHE,

Ancien notaire à Mayenne.

RENTIER, 11. boulevard Carnot, à ANGERS

Angers, le 10 Mai 1909.

ANGERS, IMP. P. DESNOES, BOULEVARD DU CHATÉAU

www.ingramcontent.com/pod-product-compliance
Lightning Source LLC
Chambersburg PA
CBHW061553050726
47595CB00009B/3797